Les sonorités d’une vie

Cheikh Mouraby Cisse

Les sonorités d'une vie

Recueil

ISBN : 979-10-422-1037-3

In principio

Ce fut hier point aujourd'hui, demain m'est inconnu
Faits et méfaits je ressens malgré le temps le parfum de la colère
Ce fut dépassé mais point éphémère le moment présent
m'importe plus
Mal et mal il n'est point de douceur en tout cela

L'été fut glacial les couleurs furent incolores
La joie je vous assure n'était qu'amertume
Seul dans mon bonheur triste parmi vous
Différent de moi différent de vous qui suis-je

Alors que mes paires distinguent le noir du blanc moi je
prends sommeil
Je crée je façonne à mon image votre monde
À travers le sourire trompeur que je vous expose

Ceci n'est point des plus plaisants je vous assure
Devoir tourner pour retirer un couteau denté
Le poignard dans mon cœur je préfère le garder
Le sang qui en coulera après extraction souillerait mon âme
Des peines j'en ai eu les cicatrices elles sont nombreuses

Une vie d'éternel affligé pour une joie ensanglantée
L'anticonformisme de mes idéaux me pousse à un silence
Alors pour soulager un être incompris ne voulant s'expliquer
Je chuchote, je murmure, je vous calomnie sur mes écrits

Me voilà seul, au tour, un océan de larmes noires
La solitude de mon esprit ne me réjouit guère
Mais que faire quand c'est dans celle-ci que je retrouve
mon bonheur
J'écris avec la plume de la vérité les mensonges du diable
Fils d'Adam de naissance, nullement différent de Lucifer
Voyez en cette œuvre une automutilation
Comme dit plus haut ce n'est point plaisant

Le jour se lève-t-il ou la nuit perdure-t-elle
Un chapitre où il n'y est peint le bleu du ciel
Un livre à l'encre noire de tristesse
Des pages monotones vides de toute allégresse

Je traverse ce désert d'idées fait de dunes sableuses en émotions
Ou depuis peu ne s'est abattu aucune goutte d'affection
Au loin je perçois les êtres que jadis j'ai aimés mais ce
n'est que mirages
Et me caresse le vent sec et brutal de votre éphémère passage

Dans l'antre de mon âme je déverse les larmes de mon être
Un être affligé dans son intérieur et maquillé pour bien paraître
Le domaine de mon cœur depuis ne fut éclairé par aucune
lueur de bonheur
Et pour ainsi dire, se sont érigés en maître des lieux
doutes et peurs

Peu longtemps je vécus dans des lieux où je ne fus point soucieux
Et ainsi me satisfaisait le premier sourire trompeur d'un déchu ange
Et au fil des années mon ressenti devint plus clair et je vis mieux
À l'heure disparaître est la seule chose qui me démange

J'ai de volonté propre meurtri en moi toute bonté
Et pris résolution, ce désert hypocrite, tout seul l'affronter
Et par votre sang souillé j'abreuvais le démon qui vit jours
Et par son vécu ne cessera de grandir votre traumatisme jour après jour

J'écris en prose rien de rythmique dans cette vie
J'exprime mon mal comme me le dicte mon cœur

Cœur de Pierre

Je ne perçois plus je ne ressens plus, juste le vide
Il était une fois, là il n'est plus ce qu'il fit
En moi rien de passionnant tout est hideux
Perfide, malice, à l'appel du bien je présente refus

Demain dès l'aube, à l'heure où nous prenons sommeil ;
Beaucoup d'âme innocente toujours dans l'illusion
N'ayant pas encore retrouvé la lumière de l'éveil
L'éveil dans le mal, l'éveil dans l'éternelle fusion

Accepte et tu seras heureux, certaine sera ta mort
Né, grandit, joui, vieilli et meurt tel est ton sort.

Brise ce rempart d'optimisme. Est la vérité,
Le doux parfum éphémère du bonheur ;
Balayer par un léger vent de réalité.

Goutte après goutte, telle la pluie, s'abattent les mensonges hypocrites ;
Qui m'en voudrait si je deviens égoïste.
La mauvaise haleine de vos calomnies inspirées,
Le regard dénigrant de vos préjugés de malheur,
Les visages mal saints de votre fierté mal placée,
Et les cornes de votre méchanceté sans honneur,
Font de vous le diable à cœur de pierre

Le Pacte

Ils ont semé en moi les graines du déni et de la carence
J'ai été enrichi en tristesse remord, regret et peine
Ils m'ont arrosé d'indifférence, de mépris et de haine
Ne vous méprenez point si la récolte est amère et hideuse d'apparence

Ma volonté a été scellée avant même que mon innocence ne soit brisée
J'ai été bercé par la mélodie du diable avant d'entendre l'appel de la sainte lumière
Apparemment le diable est noir et son serviteur a les cheveux frisés
Je suis noir et mes cheveux sont frisés, dites que devrait être ma prière

J'ai croisé au loin un loup point affamé juste apeuré et perdu
Alors n'ayant point de berger je serais la brebis qui fera son réconfort
Je ne fais point allégeance je cherche juste pour mon esprit un confort
Les notions de bien et de mal deviennent relatives
Mais ce qui est sûr c'est que mon âme est tordue

Mine grave où ai-je été terrorisé par la vérité de l'existence
J'ai perdu toute notion de juste et tout acte de déférence
J'ai voulu déployer des ailes en lieu et place j'ai eu des cornes
Entre la naissance, la mort et l'infinité
Je vous assure je ferais sauter toutes les bornes

Indécis

Quoique ma voix ne veuille s'y prêter
Et que mes idées sont troubles et indécises
Je suis à la quête de mots pour décrire un amour
Pour cette fois il n'est point idyllique
Permettez-moi de chanter de louer un être aimé

Moment de méditation, point, juste un cœur qui divague
Suspicion et doute ne me sont guère permis
Il n'est et n'adviendra que la volonté divine
Mysticisme religieux, l'amour en Dieu à travers l'amour des êtres
Dans ma quête animait d'un fort vouloir
Mon réceptacle du haut de ma tête déborde de sa contenance
Et les goûtes tel un châtiment viennent s'abattre sur mon front de pécheur
Et ainsi s'écoulent-ils et ôtent les impuretés de mon âme
Alors que les montagnes se cognent et grondent
La progression entre deux n'est que limpide
L'extase faisant suite d'une rencontre des plus anodines
Que dire face à une réalité transcendantale
Que dire quand les mots n'ont leur place
La communication devient ainsi spirituelle

Alors devient perceptible l'écoulement de ruisseau du paradis
Les battements d'ailes angéliques dirais-je comme celle
de mon cœur
J'en devins ahuri par ce flot de stimuli sans pareil
Mon corps me lâcha dans l'unicité de la pluralité
Mon âme me fut ôtée alors de moi qu'en resta-t-il ?

Ne vous perdez point dans mes dires troubles
Mes vers pourraient être patibulaires à votre logique
Il fut objet de peindre un amour en soufisme

Sur les sentiers de la perdition

L'hésitation que voilà n'est que celle d'un cœur apeuré
Les doutes ostentatoires, qu'adviendra-t-il de nous
Le dogme de ma damnation est je vous dis des plus sûrs
Je me laisse aller aux frivolités et aux désirs mondains
Il n'y a en moi point substance à un mysticisme religieux
Balayer fut les débris d'une présence divine en moi

Je porte mon âme tel un fardeau et mon cœur comme handicap
Je traîne, sans aucune prise de conscience mes péchés
J'ai tué avant naissance tout acte d'honneur
Et nourri l'indécence de ma main

Pas à pas je marche vers l'autel de la damnation
Laissant derrière le sanctuaire de Dieu
Aujourd'hui comme demain aurais-je des regrets
Fort probable mais à ce moment ;
Tête baissée mon regard plonge dans ce puits asséché de bienfaits
Et mes larmes coulent et s'écoulent dans cet abysse noir
tout obscur

Ma plume

Elle s'est détachée pour prendre son envol
Libre de toute emprise, elle vole
Suivant une quelconque trajectoire
Pour me guider en haut du parloir

Assis à l'ombre elle passa non loin de mes yeux
Pour atterrir sur ma poitrine non loin de mon cœur
Avec elle je peignerai la noirceur des cieux
Je ferais d'elle le bourreau du leurre

Sans doute je ferais d'un dogme la vérité
Elle fera de mon illusion une réalité
Elle sera aimée, reniée mais que faire ?
Vu qu'elle ne fera que ce qu'il se doit de faire

Ma plume pour écrire ce qu'il faut dire
Ma plume pour écrire ce qu'il n'y a pas de sens à dire
Trempée dans le noir elle exprimera sa puissance
D'un coup de main elle plongera l'humanité en transe

Danse au rythme de ta vie

Moment incertain et sans aboutissement
Plaisir éphémère et béatitude du moment
Des actes sans retenue ni bienveillance
Insouciant de ce qui est peint au tour
Un désir un vouloir le corps qui demande clémence
Les jugements et conseils feront un détour
Le crépuscule sonnant le glas de la sainteté
Annonçant le début de toutes hostilités
Chante danse et ne te retiens point
Virevolte sous l'extase de l'instrument du diable

Dans cette valse sans pareil entre ces sonorités et mon âme
Dans l'incapacité totale de définir ou décrire un
quelconque ressenti
Je me laisse porter sans effort ni vouloir par le courant mondain
Ivre mort mon corps ne fait que tanguer au rythme de la vie
Dans cette quête aveugle de plaisir animé par la jouissance
Vivons le jour vivons le présent chantons les plaisirs éphémères
Déguster le goût onctueux que propose le moment

L'état second perçoit tout au loin
Et ressent le bonheur du jour point palpable
Ne te soucie point de demain ce n'est que demain
Ton subconscient à l'ivresse se déchaîne
Ton cœur qui passe à l'état de sans contrôle
Pendant que soucis et incertitudes s'écroulent
Laisse faire et enjaille ton âme
Fais abstraction de tout état d'âme
Insatisfait aux premiers rayons du soleil
Mais que faire fatigue et l'appel du sommeil
Dors, dors et au réveil souviens-toi de ta soirée

S/o le Flem

Laissez-vous guider par le parfum lourd de la nuit
Dresser un limaçon pour ne percevoir cette belle mélodie
Je roule dans ce vide ce noir opaque rempli d'une innocence parfaite
Pendant que mon esprit ronronne et que mon cœur fredonne entre les doigts je tasse
L'inaudible silence parvient à créer la symphonie des deux quand je la brûle
Le pollen vient définir les différentes formes de la Sonate

Alors mes réflexions de par leurs voix aiguës me saisissent
Mes émotions telle une chorale démunie d'harmonie
Viennent ouvrir le bal au doute qui rajoute son bémol
Toujours dans cette production musicale nocturne, mon âme
Telle la clé de sol vient déterminer la hauteur des notes
Nous perdîmes toute maîtrise face à des musiciens de talent
Par ici mon guitariste de palpitations
Soutenu par le légendaire pianiste de frissons
Du haut de son hôtel la peur en maître d'orchestre
Très cher que dire de Mozart que dire de Beethoven ont-ils du talent ?
Que nenni !
Ils n'égalent en rien ma chère et douce insomnie

Dubium

J'entends mes pensées se briser dans l'étroitesse de mon esprit
Je perçois les cris de mon âme se précipitant dans les abysses
Que naisse, que pousse, que grandisse et que fane tout bonheur
Je peins de noir le peu de blanc qui restait à se sourire

Doutes, mégardes, doutes, tourments je dis malheur
Je ne serais point le singleton de luciole dans le noir
De papillon à chenille, de nouveau-né à cadavre
Gentillesse et bonne humeur j'en deviens avare

Par le fouet correctionnel que j'abattrai sur l'hypocrisie
Par mes actes je traînerai vos hontes sur le chemin
menant à la croix
Par mes mots je crucifie vos gueules d'ange
Nullement Pilate que mes mains restent salles de cette ignominie
Je pointe du doigt et je montre du nez l'hérésie de la vie

Le mal être

Me vint comme il était l'envie d'écrire
Alors pour cette fois je ne laisserais mes pensées périr
Je me laisse emporter par les houleuses vagues de la vie
Pour atterrir sur un quelconque rivage
Et ainsi accorder à mon âme un temps de répit

Le comment être face à une société exigeante
Et le comment je veux être sont les énigmes de ma vie
Gueule d'ange ne fait point de moi ange
Je brise ainsi la sainteté en moi pour faire place
Que dis-je il était déjà là le petit diable qui assume sa place
Je me lasse des tu dois se demande-t-il ce que moi je veux
Je me lasse que je me lasse savent-ils est-ce que j'en suis capable
Ma volonté depuis peu à céder mon courage suivra bientôt

Que la colère de Zeus s'abat sur ma joie
Que les flèches d'Athéna s'abattent sur tout enthousiasme
Que les tsunamis de Poséidon engloutissent tout optimisme
Que le regarde de Méduse solidifie et brise tout espoir
Que les larmes des valkyries tombent sur ma tombe

Mentalité fragile je succombe à la tentation m'ouvrant à la vie
et ce qu'elle propose
Contient de la damnation suis-je habilité à demander
rédemption
Au fil des mots qui défilent je sens mon cœur qui s'allège
Je prête oreille, je tends main je propose épaule à qui en a besoin
Égoïsme ou hypocrisie ne se demandent-ils pas si j'en ai besoin
Au fil des mots qui défilent je sens mon cœur qui s'alourdit
D'émotion de mépris de haine sur ma personne

J'ai failli à ma mission j'ai failli en la foi que l'on porter
Non pas de ma faute mais plutôt de la vôtre
Le fardeau était beaucoup trop lourd pour mes épaules
frêles et fragiles
Au fil des mots qui défilent mon cœur dans sa plénitude
laisse couler des larmes
Me suis égaré ou ai-je trouvé ma voix
Me suis-je fourvoyé ou ai-je été éclairé
Au fil des mots défilent devant moi ma vie défile

Que la colère de Zeus s'abat sur ma joie
Que les flèches d'Athéna s'abattent sur tout enthousiasme
Que les tsunamis de Poséidon engloutissent tout optimisme
Que le regarde de Méduse solidifie et brise tout espoir
Que les larmes des valkyries tombent sur ma tombe

Voluptas carnalis

Je vous chante ainsi la vie et ses plaisirs
Alors que je traverse ta garde et que vers toi j'avance
Avec une exquise fluidité j'écarte ce rideau qui obstrue ma progression
Comme si je te découvre à nouveau, par le toucher je te sens
Dans ce noir pesant, sans mots et points de dire une compréhension
Dans ma délicatesse je brise ton innocence
Dans ma brutalité et dans mon vouloir je t'emprisonne
Ainsi écoute et entends les gémissements de l'être jouissant
Par ta douceur et ta chaleur enivre-moi
Une envie ardente qui se traduit par une ivresse charnelle
Je te sens frissonner quand mes froides mains te saisissent à la hanche
Je te sens frémir quand mes doigts glissent le long de ta cuisse
Alors vers toi j'avance et pour te ressentir sur toi je me penche
Plus d'échappatoire plus de recul
Alors dans les péripéties de l'acte
Les frissons naissent, meurent encore et encore
Pendant que je danse tu chantes au rythme de mes pas
Pendant que je respire tu t'étouffes en me demandant souffle

Pendant que l’ouvrier abat son marteau
Et que l’enclume absorbe le choc
Jaillit le son du fer que l’on martèle
Coup après coup, gémissement après gémissement
En moi s’échappa une larme de joie
À l’extase du plaisir charnel une nuit des plus satisfaisantes

Trouble

À la recherche de l'inconnu et de l'abstrait
Je me délecte de toute retenue et de toute bienséance
Que je sois incompris que ma personne soit dépourvue de toute essence
D'ailleurs tout ce qui est norme je le prends de revers

Je serai l'immensément petit
Nous sommes ce qui fait l'absolu
Vous êtes les survivants morts qui en pâtissent
Je suis celui qui en un rien s'est résolu

Comprenez que je ne cherche à être compris
Écoutez la voix de la personne qui ne veut être entendue
Ma parole sera le dogme qui fera de vous des pendus
Ma sentence dépourvue de tout juste fera des aigris

Équivoque et obscur est ce texte
D'ailleurs ça en est tout le prétexte
Venez vers moi vous verrez le reflet de vos imperfections
Venez vers moi vous saurez qu'il n'existe en vous une
once de perfection

Retrouvez en moi celui qui est l'espoir du désespoir
Retrouvez en moi le noir qui assombrit vos couloirs
Je m'épanouirai dans la haine que vous avez de moi
Esclave de mes doutes je suis pour vos certitudes un roi

J’y graphe son nom

Dire qu’elle n’avait pour moi que de nobles intentions
Envahît la tristesse un cœur martelé par un mal
Je ne voulus lui en donner je fus avare de compassion
Une vie, un vide des actes des souvenirs point joviale

Les ruisseaux d’un amour aujourd’hui asséché
À cette idyllique histoire aujourd’hui achevée
Mon être portera les cicatrices d’un mal enduré
J’aimerais juste ces actes, dans mon cœur, les censurer

Elle fut belle, elle est belle pour moi il ne sera que remord
Ce regard brillant et ce doux sourire rempli de joie
Derrière un rideau de faiblesse je fais face à l’édifice de mes torts
Si j’eus un cœur à cette époque il était impassible et froid

Il était, il est et il ne sera que ce qui doit être
Des faits des actes beaucoup de péripéties au tour
Un souhait ; que ne faiblit point sa ravissante lumière
Y a le vécu et le vouloir, il y eut une histoire d’amour

Éros

Voilà que mes vagues émotionnelles viennent s'échouer
sur leurs rivages
Pour une fois j'aimerais ne point vivre dans ce vide
Quand je me rends compte que je ne me plais dans cette solitude
Amoureux de la pensée qui projette ton image
Encore plus désireux de ton absence
Pour vivre au-delà du sensuel ta présence
Point d'impatience ta venue ne sera fatidique
Je me fais si dire à un amour hypothétique

Dans ce manque de je ne sais quoi qui me ronge
Dans ce fleuve d'envie où sans hésiter je plonge
Comme le poète qui soulage son désir sur cette page
Mon cœur envieux de toi se brise sur ton mirage

Désireux de rien juste de toi
De toutes les envies tu es celle qui prime en moi
Que je devienne aveugle à la beauté du soleil
Sachant que la tienne est sans pareille
Que mes jours sans toi deviennent ternes
Que je sois insensible à la grâce de la lune
Tel Alexandre le Grand à la conquête de la gloire
Ma volonté transpercera tout à seule l'idée de te vouloir

L'adieu

Plusieurs jours durant j'y ai médité et pensé
Un acte dûment réfléchi point de hasard
Je m'apprête que dis-je suis prêt pour le départ
Que sans doute vous trouverez insensé

Je marche je m'en vais vers de meilleurs auspices
Je ne me retournerai plus rien ici ne m'est propice
J'ai sonné le glas de cettedite passion
Pour sans elle m'en voler vers de nouvelles dimensions

Avec les larmes de mon cœur comme encre j'écris ce texte
Jadis amant des muses notre devenir me laisse perplexe
La marche est longue je préfère me mettre à l'ombre
La nuit est longue dans ma tête mes idées sont sombres
Je ne me compte plus parmi ceux de la marche
Ma bouteille d'encre peu à peu s'assèche

Mon parapluie d'idées et ma casquette de penseur se sont dégradés
Au rang de simple spectateur j'ai été rétrogradé
Ceci est un adieu non un au revoir
Je doute que vous puissiez m'y revoir
Entre les mains de qui veux-je dépose ma plume
Ma confiance je vous l'accorde et fais de vous mon
porte-plume

Confusion

Dans un noir point éclairé je cherche une lumière
Une quête insensée pour raviver cette flamme jadis éteinte
Sur les traces laissées par mes idées que je mis en terre
J'entends chaque soir dans le plus doux des silences leurs lamentations et plaintes

Hésitant et tâtonnant dois-je rebrousser chemin
J'ai par ma volonté sonné le glas de cette relation et y ainsi mis fin
Mais toujours en moi cette passion qui est ma première dimension
Je sens sa chaleur vivre en moi et vivre de mes émotions

Je les vois sortir de leurs tombes pour venir me tenter
Mes réflexions et méditations tous sont hantées
Par ce désir intense de poétiser et de versifier
Je me demande toutefois si j'en suis qualifié

Dans un silence froid j'avance sur un chantier de ruines
Arrivée devant une demeure sombre et remplie de haine
Le grincement de la porte qui s'ouvre m'arracha une larme

Je découvre stupéfier que ce lieu était dépourvu de tout charme
Voilà depuis lors là où mes idées s'entassent
Et pour résister à la froideur de ma personne ils s'entrelacent
Créant dans mon cœur, mon âme, et ma personne une totale confusion
Alors pour y remédier et ne refaire qu'un, avec eux j'entre en fusion
Je vais ainsi à leur rencontre, je vais vers mes vers
Les prenant à deux mains contre ma personne et contre mon âme je les serre
Pour sentir cette transe naissant de la reconquête de mon trésor
Pour relire ces vers tels les rayons du soleil annonçant l'aube d'or

Prohibition

Je perçois l'haleine fétide de mes remords qui murmure
Bercé dans mon insomnie par les rythmes de mon cœur apeuré
Je perçois le vol intrépide de mes idées émiettées

Saisissez l'atmosphère morose de ma volonté calcinée
Je chante ivresse née de la mélodie trompeuse du mal
Berné par la lumière aveuglante des anges
Je dis que la lumière soit et les ombres furent

Dictez-moi mes peurs mes troubles et mes ressentis
À l'heure où s'érige en trésorier le pauvre
Quand l'inculte, en savant, établit les codes de conduite
Quand la perversion devient religion et perd sa dimension
première

La langue muette d'un cœur martelé et d'une volonté
manifeste à la jouissance
Malice ou hypocrisie le jeu est double mais la finalité est unique
Peur ou trop de confiance peu importe la conscience de
mon âme est limpide
Depuis peu je me couvrais de respect et d'obédience

Mais la chaleur de l'interdit fut telle que je me suis découvert
Le diable dans sa toute splendeur parvint à ériger le mal comme norme

Plagiat

La tête courbée le cœur noué je cherche refuge
Pour ce que j'ai fait, je n'attends pour ma part déférence
Je vous prends comme témoin je vous prends comme juge
Amoureux de mes textes j'attends votre sentence

Il n'est que l'âme d'un poète ce qu'il put écrire
Il n'est que pour lui, par ses vers, ce qu'il put dire
J'ai dérobé mémoires d'une mémoire déchirée
Les paroles d'un être aujourd'hui ravagé

Point de honte, oh que je m'en glorifie
Jugé indigne par mes paires
Oh qui parmi vous jettera la première pierre
Et quiconque ne le fit jamais, je le défie

Ce ne sont mes mots ni mes vers
Mais celle d'un être qui cherche lumière
Oh qui n'a jamais repris les plaintes de son âme
Je n'ai repris que ses méditations et ceci sans états d'âme

Conquête

Caresser par les doux et abrupts aléas de l'aventure
Bercer par cette illusion d'un monde point hypocrite
Je lève l'ancre et nourris mon âme de volonté
Tempêtes et orages pour moi ne sont guère obstacles
Cher Nakamas, cher lecteur ensemble dans ce périple

Répondez à l'appel de votre capitaine, l'appel d'une
plume baroudeur
Qui vous demande de larguer les amarres
Laissez-vous transporter par ce bateau d'idées
Voguons sur cette mer de prose de vers et rimes
Naviguons contre vents et marées de préjugés et de jugement
Ou les vagues d'égoïsme se brisent sur la coque d'innocence
Ou les orages d'incompréhension ne viendront à bout de ce navire

Point d'escale ni arrêt se serait retardé notre quête
À l'appel d'un horizon bleu rempli de surprise
Venez, je vous promets que dis-je point de promesse
Vous façonnerez de vous-même même votre meilleure croisière

Plaisir sensuel

S'écoule de façon abrupte ce ruisseau nocturne pour
arroser et faire éclore ces pensées à caractère idyllique ;
Voilà qu'un sourire s'échappa des suites d'une senteur
paradisiaque
L'atmosphère devient pesante, à force de s'emplir de
désir et de vouloir
Ma main dans sa démarche point hasardeuse décrit ses
courbes accidentées

Alors que ma présence devient des plus imposantes et
que mon emprise ne cesse de grandir
Mon souffle divin caresse le long de son coup et du bout
de mes doigts je sens ses poils se hérisser
Ma voix tel un bourreau vient achever tout semblant d'un
quelconque doute à résister
Entre mes mains un corps sans vie une âme emprisonnée
par le seul désir de jouir
Ma main toujours dans cette expédition merveilleuse ne
cesse de me décrire les formes d'un monde sans pareil
Mes démarches son méthodique et point précipité
m'appelant par je ne sais quel nom elle demande
libération

Alors un échange salivaire vient rompre ses paroles futiles n'ayant point leurs places ici
Ce corps cette douceur ces courbes ce parfum cette humidité j'en ai l'eau à la bouche
Ma main atteint ses limites, laissant place à une langue patibulaire
Alors une délectation dans une douceur diabolique
Qui fit ravage a des endroits suaves et délicieux
Divin de savoir que l'on est en mesure de pourvoir à un vouloir

Alors que le jour se lève et que les rayons lumineux pénètrent au plus profond des ténèbres
Et que les gémissements mélodieux et rythmiques me font danser
Il s'en va il revient mouvement incessant de l'émissaire du roi, dans sa quête ardue de plaisir
Gloire à celui qui donne et miséricorde à celle qui reçoit
Charnelle, chaleur, sueur, elle en demande, à cœur joie j'en donne
Coup après coup je libère petit à petit son âme d'une emprise dont je fus coupable
L'extase qui naquit de tant de péripéties était sans pareil

Le péché mignon de Zeus

Alors que la brume nocturne de plus en plus s'épaissit
La perversion t'appelle et tes pas deviennent vicieux
Ne voulant point perdre la lucidité de mes idées
Mais les faits sont ce quels sont et le plaisir est ce qu'il est
Une démarche telle un regard provocateur
Une concentration perdue je déposai ma plume
Pour donner suite au plus important

Un esprit dubitatif et hésitant sur tes avances
Une tenue que dis-je il n'en est rien qui soit couvert
Un regard gourmand qui dévora la chair avant l'heure
Un être désireux mais dans un calme perturbant
Qui avance avec douceur vers sa proie
Des lèvres qui peinent à se détacher de son coup
Me caressa son souffle chaud qui fait état de son être
Du bout des doigts je remonte le long d'une cuisse bien épilée
Pour ressentir cette chaleur baignant dans ce liquide sensuel
L'immoralité de mon majeur son expédition malicieuse
Pour laisser jaillir un léger gémissement de plaisir
Baiser après baiser je parcours un chemin semé de
bonnes choses

Tes cuisses au-dessus de mes épaules ma langue pour agresser tes lèvres
Et comme à chaque fois je perdis ce désir d'un face-à-face peu passionnant
Je la retournai de façon brutale pour de dos la faire jouir
Et alors et alors que dire, ce furent les débuts d'une forte jouissance

La main de Dieu

L'atmosphère trouble et pesante
Me voilà qui viens de fouler le domaine des dieux
Je viens de découvrir le pouvoir d'ôter
Ne vous méprenez point si ce texte n'est point rythmique
J'essaie de peindre ce qu'est l'anarchie
D'un simple stimulant à un virtuose d'infinité
Devant le néant je sens en moi le tout du tout
Devant la mort je suis encore plus vivant

Viens, de par ma volonté, d'éclore se fleur à parfum métallique
Viens, de par main divine, de mûrir ce fruit à goût basique
Devant ce chef-d'œuvre devant cette touche artistique
Deux êtres se confrontent dans l'opposé de ce qui fait la vérité
La lampe qui s'allume et s'éteint résume les faits
L'extase et l'indescriptible sentiment de domination
Le pouvoir de décider du devenir et du futur
Le pouvoir de pourvoir à la volonté d'un être

Je me vois comme mes semblables sur l'échafaud
Je me vois comme mes semblables pendus
Oh que je me vois côte à côte sur l'hôtel de Caen

Le premier de tous les premiers d'entre nous
Le premier à avoir ôté le premier à avoir écourté
Par ce texte je dépose un bouquet de roses
Qui définit la seule chose qui nous oppose
Et vos larmes, pour ce texte, j'en fais une glose
Par ma pensée, je viens de commettre un crime sur cette prose

Je déteste t'aimer

C'est au lever du soleil que tu admires l'or matinal
Et au coucher tu ressens ce pique point jovial
À l'énigme d'un amour je ne me suis pas résolu
Car t'aimer c'est la seule chose que je n'ai pas voulue

J'ai écouté cette parole qui dans ma tête retentit
Et à au seul endroit possible elle fut bâtie
J'ai écouté mon cœur dans sa parole exquise
Pour une fois j'aurais aimé qu'elle ne soit précise

Je ne dirais oui à ce que je ne peux nier
Devant cet amour je ne vais pas me plier
J'ai essayé d'y penser mais je ne le pouvais
Le cœur il n'avertit pas vous-même vous le savez

Je ne l'ai pas pensé je ne l'ai désiré
Dire que je tends à une folie démesurée
Dites-moi détester aimer est-ce raisonnable ?
Et comme toutes fois mon cœur est coupable

J'écouterai vos dires pour soulager ma conscience
Ou peut-être pas ce qui m'arrive relève de l'inconscience
J'irais à la quête de l'incompris et de l'ambiguïté
Pour trouver solution à cette pure vérité

Illusion

Perturber par les aboiements vicieux de ces chiens bipèdes
Réduit au seul état de l'instinct animal
Le culte du bien fut un lointain souvenir
Quand l'herbe prend feu et qu'à côté le symbolique vers d'eau
Tout devient inerte et mon corps ne peut qu'alentir
C'est là t'éclaires ladite lumière prophétique d'une particulière idéologie
Un sourire joyeux face à la découverte des merveilles de l'existence

La pomme de Newton qui perd la notion de pesanteur
Me voilà foulant le sanctuaire où les doctrines et théories on était paraphrasé

Alors toujours insatisfait le verre d'eau passe à un pourcentage mielleux
Nous comprîmes de ce fait ce qu'est la notion de lucidité
Un terme qui fut emprunté un terme qui fut alerté
Ce fut là que nous brisâmes l'ignorance
Pour baigner dans les eaux célestes de la connaissance
Je découvris ce qu'était le bonheur du ressenti
M'apparut je ne sais dans quelle apparence l'insouciance
L'âme apaisée le corps léger je m'endormis

Moment de méditation

Moment d'extase plutôt que d'indifférence
Moment de méditation plutôt que dc distraction
C'est dire l'admiration dans plus pur des silences
Reconnaître en soie la beauté de la création

Moment d'éveil ni d'hypnose et de somnolence
Moment d'acceptation et non de protestation
Reconnaître en tout objet l'essence et la quintessence
Voir en tout être la lumière qui fait son sens

Dans le meilleur des mondes créés certes par le créateur
Qui suscite sublimation et fascination
Quand on atteint le paroxysme de la contemplation
Plus de leurre, seule la félicité d'un pur bonheur
C'est dire le sifflement matinal d'un oiseau
C'est dire la pierre qui se précipite dans l'eau
Méditer sur les bruissements des feuilles
Ressentir sur sa peau la chaleur du soleil

Écouter et non entendre la nature parlée
Admirer la puissance des vagues déferlées
Tressaillir sous un rugissement dompteur
S'ébahir sous un mirage trompeur
Voilà les rythmes de l'exquise nature

Dépressif

Aujourd'hui comme hier encore prisonnier de ce monde
Fatigué, épuisé de feindre un sourire pour le bon vouloir d'une société
Suis-je moi ou juste le reflet d'un monde mal sein parfumé d'hypocrisie

Est-ce trop demander de vouloir vivre, d'être exempte de toute norme
Est-ce trop demander de donner raison à la liberté d'exprimer sa personne
La raison revient-elle à ce qui a déjà été bâti ou à ce qu'elle a bâti
Murmures, plaints et lamentations que faire face à une faiblesse
Ai-je été fragile, guère, juste l'orthodoxie de cette vie, bien est trop puissante
Anticonformiste, point, je ne veux qu'être, je veux vivre
Que mes larmes pour réchauffer mon cœur victime
Victime de ce vent glacial qu'est le sentiment d'inaccompli

Ne me pleurez point quand je serais inerte
Sachez que là je vis ma mort et ma damnation dans votre monde
Alors pour fuir cette morosité je m'en remets à ma solitude
Adosser comme beaucoup de mes semblables à l'arbre de la dépression
Je vis de ses fruits attendant une quelconque lumière

Temples des maux

Au moins introuvable endroit d'une prison point dorée
Aveuglé par un manque de lumière et de repères
Sur les gravats et débris de ce qui autrefois était un sanctuaire,
Des saints hommes et des anges affligés et déplorés

Un lieu d'un grand besoin en charme et beauté
Façonné et bâti par un mal dont le doute n'est permis sur sa gravité
L'agressivité du parfum fétide qui soutenait l'ambiance
L'atmosphère tendue d'une tension qui ne faisait clémence

Un palais bâti sur les ruines d'une épopée d'abondance et de bonheur
Une vie de je ne sais, fortifié en vices et carrelé de malices
Ou le sol est tapissé d'une lourde hypocrisie, prédicateur
Du malheur qui sévit en silence

Contre nature, et obscénité font le décor
Face à ce lieu consternant, un antre à l'exception
Éclairé par la lueur d'espoir qu'est la mort

Sanctuaire de l'abandon

Il n'y a point trésor terrestre à la hauteur de mon désir
Il n'y a point récompense pour un quelconque mal sur terre
Alors l'esprit tranquille je m'élève au rang de spectateur
Rigolant que dis-je étonner de la fourberie humaine

Je cherche dans cet amas de mensonges une once de vérité
À force de recherche je me suis imprégné de ce mal
J'en suis devenu esclave, oh malheur à moi
Forgerons du mal qui sera le bourreau de ma joie
Je n'exalte à rien du tout chacun est responsable de soi

Dépiter je n'appelle à aucune doctrine j'en suis au stade du constat
N'ayant plus force à mener un quelconque combat
Je préfère diriger toute motivation à mon bonheur propre
J'ai regardé, j'ai observé sachez que je n'ai eu pour ce monde de l'espoir

Ne point m'épuiser pour je ne sais quel crie de cœur
Ne point me déshydrater en larmes
Le mal est fait et en mon âme la lassitude s'est installée
En lieu et place de la lumière nous avons eu que des ténèbres

Enchaîné à ma liberté

L'éternité est une illusion pour un être mort avant l'heure
Vivre est un mirage qu'un léger vent de réalité peut dissiper
Savoir est une glace briser le bout pointu de l'ignorance
Aimer est une rêverie couverte par la lourde réalité de l'indifférence

Écrire me garde en vie me poussant à sous-tendre à l'éternité
Espérer est le mal dont je me suis adonné ainsi souffrir de la vie
Humilité est mon fardeau de chaque jour, ainsi apprendre de tout un chacun
Sourire est ma laideur faisant germer cette graine d'amour

La haine est pilier central de la forteresse des désolations
Les vices sont les porte-étendards de l'être à la langue fourchue
Les plaisirs mondains anges gardiens d'une inébranlable damnation
Le hasard pour justifier notre faiblesse face au déroulement de la prose

Chérir ou détester je suis adepte de la déférence
Vivre ou mourir quelle indifférence le choix me fut retiré à ma naissance
Clémence ou punition ; ce monde n'est certes point clément
Culte ou culte, nous avons certes le pouvoir du libre arbitre

Énigme d'une existence

Face à cette œuvre d'art à cette production sans laideur
Par une volonté à ne point vouloir
Sur une superposition d'images je peins mon bonheur
N'aspirant à rien et du néant m'en prévaloir

Redevient rose cette fleur au parfum doux et rempli de merveilles
Toujours sombre et morbide ses abysses remplit d'horreur
Chaleureux et prometteur je revois la lumière du soleil
Peine et tristesse mon cœur succombe à la douleur

J'ai apprivoisé en ce jour mon âme et ses plaintes
La mort j'y pense et en fais espoir et lumière rédempteurs
La marche fut rude malgré tout je pus conquérir ma facette sainte
Tache rouge sur ce drap blanc pour omettre ce peu d'honneur

La vie retrouvait ses parfums sensationnels
L'Or de ma vie a perdu son éclat me voilà attendant ma mort
Revint à moi se sourire maquilleur de mes cicatrices émotionnelles

Tantôt ceci, tantôt cela mais ce qui sur c'est que je suis las de mon sort

L'élu d'une vie

Dans une ambiance calme et dans un silence perturbant
L'appel au loin de ses parasites ne peut en rien altérer ma concentration
Devant moi les chemins sont multiples se perdre est une évidence
Guidée par mon saint esprit j'avance sur le sentier de la création

Ma progression est périlleuse, mais je ne doute sur ma récompense
L'égarement m'est aisé, tenter je suis de rebrousser chemin
La marche est longue la charge est lourde
Pour un début je me défais de mon identité
Le soleil est ardent ma vision devint trouble
La gorge sèche, je m'hydrate d'idée et me repose à l'ombre de mes réflexions

Je voulus reprendre ma progression mais la peur me parvint en barrière
Une barrière solide mais tout aussi fragile

Alors là je fais état de mon âme et me libérai de tout dogme
Je détachai mes chaînes émotionnelles pour donner liberté à mon amour
Un amour à qui veut, la frivolité de mon cœur est des plus certaines
La barrière se dissipa ma peur ne put que faire pareil

Et reprit ce pèlerinage où les épreuves se succèdent
Alors en martyre je laisse couler mon sang sur ce chemin
Alors en messager je suis en quête de message
En sueur, en larmes et en
embûches furent semées
La traversée périlleuse sang de tel sera faite l'encre de ma vérité
La marche fut longue des, l'être fut dubitatif
Dans la persévérance la récompense fut majestueuse

Table des matières

Imprimé en Allemagne
Achevé d'imprimer en octobre 2023
Dépôt légal : octobre 2023

Pour

Le Lys Bleu Éditions
40, rue du Louvre
75001 Paris

www.ingramcontent.com/pod-product-compliance
Lightning Source LLC
Chambersburg PA
CBHW062347010826
49168CB00024B/298

* 9 7 9 1 0 4 2 2 1 0 3 7 3 *